D1391165

images pour prier
dans la peine

La collection "Images pour prier"
est dirigée par Marie-Agnès Gaudrat.

ISBN 2-227-61065-4
© Éditions du Centurion, 1991

DIANE BARBARA - FULVIO TESTA

images pour prier dans la peine

centurion-pomme d'api

Préface

L'enfance n'est pas toujours pastel. Elle a ses journées grises et traversées de noir, elle est parfois souffrance.

L'enfance se heurte à mille désirs contradictoires, aux interdits, à sa propre "méchanceté", à celle des autres.

L'enfance se heurte à la mort quelquefois et à la destruction rendue souvent si proche par la télévision.

Ces expériences douloureuses, "inadmissibles", provoquent l'enfant, le "creusent" à l'image de la rivière qui cherche à rejoindre la mer…

Lui permettre alors de s'exprimer, d'en parler, c'est lui donner une chance de ne pas s'enfermer dans sa peine et de la rendre féconde. La prière est un merveilleux moyen d'amener la souffrance au langage et de s'ouvrir à l'Autre, aux autres…

Mais si chaque peine est à prendre au sérieux, chacune aussi est unique, comme l'est l'enfant qui la vit. C'est pourquoi nous avons consacré une longue série d'images à des expériences de peine – peines du quotidien, peines plus graves – quasi universelles : la solitude, la jalousie, les disputes…

Avec quatre soucis majeurs :
- aider l'enfant à reconnaître sa peine, à comprendre ce qu'il vit ;
- proposer pour chacune une ouverture possible ;
- faire tomber le masque d'un Dieu responsable du mal ;
- encourager l'enfant à combattre la peine en s'attaquant à sa racine : la rupture, la fermeture… Car "s'il est une leçon à retenir de l'existence de Jésus, c'est que le mal n'est pas d'abord à expliquer, mais à combattre".*

* Marcel Neusch, *Le mal*, Centurion.

la peine
et ses pourquoi

Quand on a de la peine,
on sent parfois rouler en nous
comme une cascade de pourquoi :
Mais d'où ça vient, la peine ?
Et puis c'est quoi vraiment ?
Et pourquoi moi j'en ai ?
Et puis à quoi ça sert ?
Et pourquoi... Et pourquoi ?

Alors voici trois images
sur les pourquoi de la peine
pour tenter, avec Dieu,
d'y voir un peu plus clair !

c'est quoi ?

La peine,
c'est ce qui envahit le cœur
quand quelque chose arrive
et nous rend malheureux.
Quelque chose de violent,
qui brûle et nous fait mal
comme les flammes d'un feu.

La peine,
c'est toute la fumée
qui s'échappe de ce feu.

Seigneur,
même si ma peine est lourde,
tu es là, près de moi.

pourquoi ?

Si on ressent de la peine,
c'est parce qu'on n'est
ni dur, ni froid, ni sec
comme une pierre,
mais, au contraire,
sensible et plein de vie.
Et c'est aussi pour ça
que les larmes jaillissent
quand on est vraiment triste.

**Seigneur, Dieu de la vie,
me voici plus vivant qu'une pierre,
mais tellement plus fragile aussi.**

à quoi ça sert ?

La peine, ça ne sert à rien.
Ça rend triste,
ça fait pleurer...
Pourtant,
comme la rivière creuse son lit
pour rejoindre la mer,
la peine creuse nos cœurs
et, quelquefois,
nous fait grandir un peu.

**Seigneur, tu le sais,
tout au creux de moi,
la peine me fait grandir parfois.**

la peine
et ses sources

Chaque peine a sa source,
et certaines comptent
plus que d'autres,
parce qu'elles reviennent souvent
ou parce qu'elles sont plus graves...
Mais chaque peine
a aussi sa fenêtre,
que l'on peut essayer
d'ouvrir en très, très grand
pour chasser le chagrin.

Voici sept images
des sources de nos peines,
avec, pour chacune, une fenêtre
à ouvrir avec Dieu.

la jalousie

Ce n'est pas toujours facile
d'avoir des frères et sœurs...
Parfois on leur en veut
de prendre toute cette place-là
et d'être aimés tant que ça !
On a comme l'impression
qu'ils viennent dans notre jardin
cueillir les plus belles fleurs
sans se rendre compte de rien.

**Mon Dieu, quand je suis jaloux,
aide-moi à ne pas oublier
que ma place est toujours là
dans le cœur de ceux qui m'aiment.**

la solitude

Il y a des jours
où on a l'impression
de ne pas être aimé :
les autres nous rejettent,
les autres nous embêtent,
ou bien, au fond de soi,
on se sent tout bloqué.
Ces jours-là,
c'est comme si on tournait
autour d'une grande montagne
sans pouvoir rencontrer
quelqu'un à qui parler.

**Mon Dieu, aujourd'hui
je me suis senti très seul.
Mais je sais que tu m'aimes,
et ça m'aide pour demain.**

la peine que l'on fait

On est si malheureux
quand on a fait de la peine...
On sent une grosse boule
là, en plein cœur de soi.
Une boule de pardons
à dire cent mille fois.

**Mon Dieu, quand j'ai fait de la peine,
je voudrais pouvoir dire :
« Je ne recommencerai pas. »**

la douleur

Que l'on soit très malade
ou juste un peu fiévreux,
c'est toujours difficile
d'avoir mal dans son corps.
Parfois on pleure, on crie,
et parfois on se tait.
Mais c'est toujours pareil :
en larmes ou en silence,
ça cogne dans le corps
comme les vagues de la mer
sur la coque d'un bateau.

**Mon Dieu, quand mon corps souffre,
c'est bon d'avoir quelqu'un
pour me donner la main.**

les disputes des autres

Comme un petit oiseau
perdu dans la tempête,
j'ai peur et je m'affole
au milieu des disputes.

Alors je me replie
à l'abri de mon cœur,
et j'attends là, doucement,
que le calme revienne.

**Mon Dieu, rappelle-moi
qu'après la tempête des disputes
le ciel est parfois bien plus clair.**

la mort

Et quand vient le moment
où s'en va pour toujours
quelqu'un que l'on aimait,
on a soudain très mal
et on a presque froid.

Comme il nous manque déjà,
celui qui est parti,
et comme il nous manquera...
Mon Dieu, où est sa vie ?

Toi, Jésus, tu as dit :
« Je suis la résurrection et la vie
celui qui croit en moi,
même s'il meurt, vivra. »

Jean ch. 11, v. 25.

la destruction

Quand il y a des cyclones,
et des tremblements de terre,
et quand des milliers d'hommes
n'ont plus d'eau ni de pain,
on souffre et on ne comprend pas.
Mon Dieu,
d'où viennent ces peines-là ?

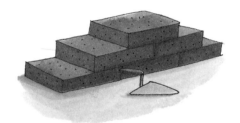

**Mon Dieu, je ne sais pas
d'où viennent toutes ces peines,
mais comme Jésus,
je voudrais les combattre
pour toujours reconstruire.**

Job, l'homme
de toutes les peines

La Bible raconte l'histoire
d'un homme juste et bon, appelé Job.
Il avait une nombreuse famille,
des amis merveilleux,
et il était très riche.
Chaque matin, il priait Dieu
en le louant pour tant de joies.
Mais un jour,
le malheur s'abattit sur lui :
Job perdit ses animaux,
ses serviteurs ;
Job perdit tous ses enfants .
Puis il tomba très malade...

Voici trois images
pour se demander avec Job,
si le mal peut venir de Dieu.

D'après le livre de Job. Ancien Testament.

la confiance de Job

Devant tant de malheurs,
Job se jeta par terre en priant.
Il disait : « J'ai accepté le bonheur
que Dieu m'a envoyé,
pourquoi refuserais-je
le malheur qu'il m'envoie ? »
Mais, en même temps,
il demandait sans cesse à Dieu :
« Pourquoi, pourquoi tout ça ? »

**Mon Dieu,
es-tu ce Dieu de Job
qui envoie le bonheur et le malheur ?**

la révolte de Job

C'est alors que des amis de Job
vinrent le voir, et ils lui dirent :
« Dieu punit ceux qui font le mal.
Si tu es malheureux aujourd'hui,
c'est parce que tu n'as pas été bon. »
Là, Job se fâcha, et il dit :
« Ne parlez pas au nom de Dieu,
vous ne le connaissez pas. »
Mais, en même temps, il se révoltait :
« Mon Dieu, je n'ai rien fait de mal,
pourquoi es-tu en colère contre moi ? »

**Mon Dieu,
es-tu ce Dieu des amis de Job
qui distribue des punitions ?**

la reconnaissance de Job

Et Job appelait, appelait Dieu...
Un jour, enfin, Dieu lui répondit :
« Pour qui te prends-tu, Job ?
Qui es-tu pour me questionner ?
As-tu vu mes merveilles ?
As-tu commandé au matin ?
Es-tu le père de la pluie ? »
Alors, tout confus, Job comprit
combien Dieu était différent
de tout ce qu'on peut imaginer.

**Mon Dieu, tu es si mystérieux.
Comme Job,
j'aimerais mieux te connaître
pour ne plus te mêler au mal.**

La peine
et ses étoiles

Que la peine soit lourde
ou légère,
qu'elle soit profonde
ou passagère,
il existe toujours trois étoiles
qui sont comme des guides.
Trois étoiles qui nous aident
à éviter la peine ou à vivre avec elle
et à la traverser...

Voici les images de ces étoiles
pour suivre Jésus
et dépasser la peine.

l'étoile du veilleur

Être veilleur,
c'est tenir une lampe allumée
pour empêcher la peine d'entrer,
chez les autres,
et aussi chez soi.
Être veilleur,
c'est tenir une lampe allumée
pour être prêt, le plus possible,
à supporter la peine
si elle entre quand même.

**Jésus, un soir, tu as été si triste
que tu as dit à tes amis :
« Restez et veillez avec moi. »***
**Ce soir, à mon tour, j'ai de la peine,
alors viens et veille avec moi.**

Matthieu, ch. 26, v. 38.

l'étoile du temps

Quand tout paraît désert,
brûlé et désolé
parce qu'on a trop souffert,
le temps qui passe
peut encore nous aider.
Lentement, patiemment,
grâce au temps,
d'autres joies, d'autres rêves
viennent se glisser en nous...

Toi, Jésus, qui as dit :
« À chaque jour suffit sa peine »*,
donne-moi la patience d'attendre
que revienne ma joie.

Matthieu, ch. 6, v. 34.

l'étoile de l'amour

Souvent, quand on est malheureux,
on est comme un soleil caché.
On ne peut pas éclairer,
on ne peut pas réchauffer.
Aimer,
c'est faire tout le contraire !
Aimer, c'est offrir ce qu'on est
comme s'offre le soleil.
Aimer, c'est accueillir les autres
pour combattre ensemble
la peine et ses nuages.

Toi, Jésus, tu as dit à tes amis :
« Pour que ma joie soit en vous,
aimez-vous les uns les autres,
comme je vous ai aimés. »

Jean, ch. 15, v. 12.

Le fil du livre

CHAPITRE 1 : Quand ils souffrent, les enfants n'ont pas peur d'oser les vraies questions. Celles qui nous laissent sans voix. Alors voici trois images pour les aider à entrer dans le mystère de la peine.

CHAPITRE 2 : Même tout petit, on a mille raisons d'avoir de la peine. Mais certaines comptent plus que d'autres… Voici sept images de ces peines-là, pour permettre aux enfants de mieux les comprendre et de ne pas s'y complaire.

CHAPITRE 3 : Prier, c'est aussi se relier à ceux qui ont prié avant nous. Parmi eux, Job, symbole de la souffrance, hurle sa révolte, injurie Dieu, mais ne coupe pas les liens ! Jusqu'au jour où il comprend que le mal ne s'explique pas…
Voici trois images qui invitent les enfants à découvrir ce récit clé de l'Ancien Testament.

CHAPITRE 4 : Si l'idée de combattre la peine est au cœur des premiers chapitres, ici elle éclate pleinement ! Voici trois images d'étoiles qui se réfèrent à trois attitudes fondamentales pour guider l'enfant et l'aider à lutter contre le mal.

Comment utiliser ce livre
avec les enfants ?

Aider un enfant à prier dans la peine requiert une attention particulière.

Vous pouvez donc, par avance, vous plonger seul(e) dans ce livre, afin d'en faire un tour d'horizon.

L'essentiel étant de permettre à l'enfant de formuler ses propres interrogations, n'hésitez pas, dans un premier temps, à reprendre avec lui le chapitre 1 qui tente de répondre aux questions élémentaires.

Laissez ensuite l'enfant choisir, au gré de ses expériences, dans le chapitre 2. Qu'il vogue de page en page, s'arrête, passe selon son humeur et son désir… Son insistance à revenir sur certaines images – la jalousie, les disputes, la mort par exemple – sera pour vous révélatrice !

Laissez-lui aussi le temps de s'exprimer. Car c'est l'une des ambitions de ce petit livre que de permettre à la parole de jaillir et de circuler, même dans la peine…

Reste que ces images ne sont pas seulement destinées aux enfants qui traversent des peines graves. Elles ont aussi été pensées pour tous ceux qui vivent, comme tout un chacun, des contrariétés, des échecs… Sans oublier les enfants que nous rêvons pleinement heureux, mais pour qui une réflexion méditative sur le mal, la souffrance et la mort (notamment grâce au chapitre 3 et 4) ne peut qu'être féconde.

Dans la même collection

Images pour prier Dieu
Images pour prier de tout son corps
Images pour prier à Noël
Images pour prier à Pâques
Images pour prier dans la joie

À paraître

Images pour prier avec les saints
Images pour prier avec les croyants
d'aujourd'hui

Composition : Équipage, Paris.
Impression et reliure : Pollina s.a., 85400 Luçon - n° 14171
Loi 49956 du 16 juillet 1949 sur les publications destinées à la jeunesse.
Dépôt légal : octobre 1991
N° d'éditeur : 10801